스물여섯 단어로 배우는 **흥미진진한 경제 이야기**

키즈 유니버시티
KIDS UNIVERSITY

"ABCs OF ECONOMICS"

경제학의 ABC

크리스 페리·베로니카 굿맨 지음 | 정회성 옮김

JN383711

Asymmetric
비대칭

비대칭 거래는 당사자들이 가진 정보가 같지 않을 때 일어나요.

거래에서 한쪽이 다른 쪽보다 더 많은 정보를 가지고 있을 때 '정보의 비대칭성'이 생겨요. '정보의 비대칭성'은 '정보의 실패'라고도 해요. 예를 들어 자동차 판매자가 자동차에 대해 잘 모르는 구매자에게 고장 난 자동차를 팔았다면, 이는 비대칭 거래예요.

Boom
호황

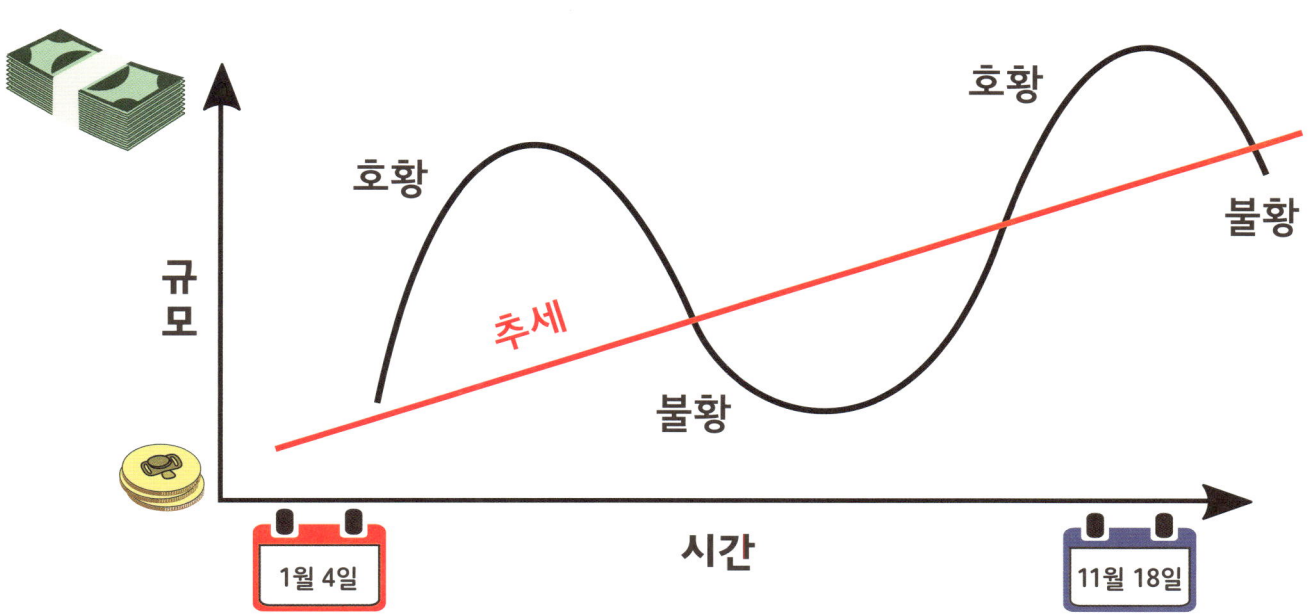

호황은 경기 순환 과정에서 나타나는 확장을 뜻해요.

사람들은 경제가 확장되거나 성장하면 호황이라고 말해요. 하지만 경제는 수축하거나 위축될 수도 있는데, 그때는 불황이라고 해요. 경제는 시간이 흐름에 따라 크고 작은 호황과 불황을 반복한답니다.

Capital
자본

자본은 서비스와 재화를 생산하는 데 사용되는 건물과 도구, 장비를 가리켜요.

자본은 공장이나 트랙터같이 일정한 형태를 갖춘 실물을 뜻하기도 하고, 소프트웨어 같은 도구를 뜻하기도 해요. 이런 자본이 노동과 결합해서 제품이 만들어져요. 우리가 빵을 팔기 위해 오븐을 이용해서 빵을 굽는다면, 오븐도 자본이 될 수 있어요.

Demand
수요

**수요는 사람들이 주어진 가격에 물건을
얼마나 많이 사고 싶어 하는지를 뜻하는 말이에요.**

'수요의 법칙'에 따르면, 재화나 서비스의 가격과 수요량은 반대로 작용해요. 자전거 가게가 자전거 가격을 내리면, 자전거를 사고 싶어 하는 고객이 많아져요. 수요량이 느는 거예요. 반대로 자전거 가격을 올리면, 수요량은 줄어들지요.

Equilibrium
균형

균형은 수요량과 공급량이 맞아떨어지는 걸 말해요.

균형은 어떤 상품을 판매자가 팔려고 하는 양(공급량)과 구매자가 사려고 하는 양(수요량)이 같을 때를 말해요. 그러면 판매자와 구매자가 모두 만족하는데, 이때 결정되는 가격이 '균형 가격'이에요.

Fixed Costs
고정 비용

고정 비용은 기업이 재화나 서비스를 얼마큼 생산하든 일정하게 지출해야 하는 비용이에요.

사무실을 빌리는 데 드는 돈, 상품을 생산하기 위한 공장을 짓는 데 드는 돈이 고정 비용이에요. 고정 비용을 다른 말로 '간접 비용'이라고도 해요. 고정 비용의 반대말은 '변동 비용'이에요. 변동 비용에는 재료비가 들어 있어요. 기업이 제품을 많이 만들면 재료에 드는 비용도 그만큼 많아져요.

Goods
재화

재화는 우리가 구매할 수 있는 것이에요.

옷, 장난감, 자동차를 비롯해 갖가지 음식은 말할 것도 없고 주변에 있는 많은 것들이 재화예요. 우리가 구매하기를 원하는 어떠한 실물도 재화가 될 수 있어요.

Households
가계

가계는 경제학에서 다루는 가장 기본적인 단위예요.

경제학에서는 사람을 한 명 한 명 분석하는 것보다 가계 단위로 바라보는 게 더 쓸모가 있어요. 모든 사람이 직업을 갖고 소득이 있는 것은 아니지만, 한 가계에 적어도 한 명 이상은 소득이 있기 때문이에요.

Inflation
인플레이션

1938
19센트

1960
40센트

2020
3달러 53센트

인플레이션은 재화와 서비스의 가격이 시간이 지나면서 오르는 현상이에요.

물가가 오르면 같은 돈으로 살 수 있는 상품이 적어져요. 얼마 전에는 1000원을 주고 샀던 노트가 1500원으로 오르면, 똑같은 노트를 사기 위해 500원을 더 써야 하는 것처럼요. 이렇게 되면 돈의 가치가 그만큼 떨어졌다고 할 수 있는데, 이처럼 물가가 오르고 돈의 가치가 떨어지는 현상을 인플레이션이라고 해요.

Job
직업

직업은 살아가는 데 필요한 돈을
벌기 위해 하는 일이에요.

직업의 종류는 굉장히 많아요. 의사, 교사, 건설 노동자처럼 우리에게 익히 알려진 직업도 있지만, 경제학자처럼 잘 알려지지 않은 직업도 있어요. 품삯을 받고 남의 일을 해 주는 사람을 고용인이라 하고, 그 일을 시키는 사람을 고용주라고 해요.

Keynesian Economics
케인스 경제학

케인스 경제학은 정부의 역할과 정책의 중요성을 강조한 경제학 이론이에요.

케인스 경제학은 영국의 경제학자 존 메이너드 케인스가 주장한 이론이에요. 이 이론을 따르는 경제학자들은 경기 순환, 경기 침체와 함께 정부가 이러한 것들이 미치는 부정적인 영향을 최소화할 수 있는 방법 등을 연구해요. 이는 경제 전체를 연구하는 거시 경제 이론의 한 분야라고 할 수 있어요.

Labor
노동

노동은 재화와 서비스를 만드는 모든 작업을 말해요.

노동 시장은 근로자와 자본가 사이에 노동력이 상품으로 거래되는 시장이에요. 노동력은 물건을 만드는 데 필요한 사람의 모든 능력을 말해요. 이처럼 생산에 필요한 기술과 능력을 지닌 근로자는 '인적 자본'이에요. 근로자는 보상과 임금을 받기 위해서 일해요.

Monopoly
독점

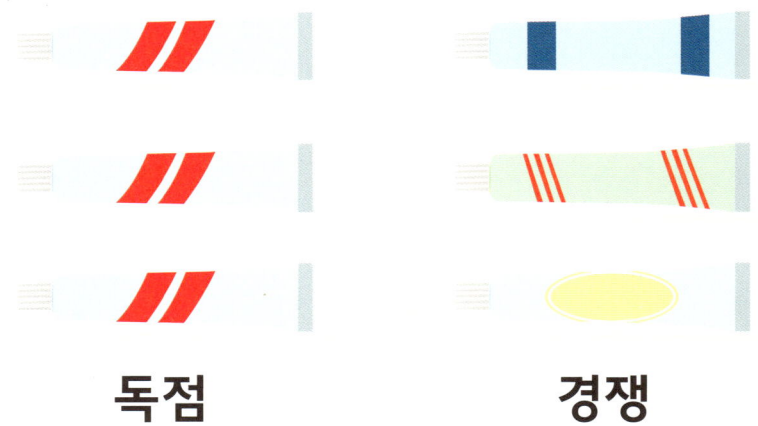

독점   경쟁

독점은 특정 기업이 하나밖에 없는 공급자여서 상품 생산과 시장을 지배해 이익을 독차지하는 것을 말해요.

재화나 서비스를 독점하는 회사는 가격과 공급량을 마음대로 정할 수 있어요. 만일 치약을 만드는 회사가 한 곳뿐이라면, 그 회사는 치약의 가격과 공급량을 마음대로 정할 거예요. 하지만 치약을 만드는 회사가 여럿이면 회사들끼리 경쟁하기 때문에 소비자들은 그보다 낮은 가격에 치약을 살 수 있어요.

Nash Equilibrium
내시 균형

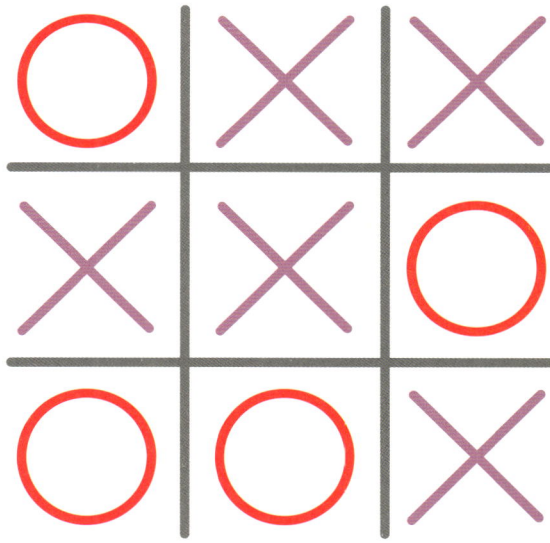

내시 균형은 여럿이 하는 게임에서 안정된 상황을 가리켜요.

경제학자들은 경쟁적인 경제 현상을 설명하기 위해 이따금 게임 이론을 이용해요. 경제학자이자 수학자인 존 내시는 모든 게임 참가자가 원래의 전략대로 계속 나아간다면 참가자 가운데 누구도 전략을 바꾸는 것으로 이익을 얻지 못한다는 게임 이론의 개념을 제시했어요. 이것은 모든 게임 참가자가 전략을 유지함으로써 균형을 이룬다는 의미예요.

Opportunity Cost
기회비용

 또는

기회비용은 무언가를 얻기 위해 다른 걸 포기할 때, 포기한 것의 가치를 말해요.

우리는 모든 걸 다 가질 수 없기 때문에 늘 무언가를 선택해야 해요. 그 대신 다른 걸 포기해야 하지요. 이처럼 어느 한쪽을 선택했을 때 잃는 것의 가치를 기회비용이라고 해요. 여러분이 아이스크림과 책 둘 중에 하나를 살 수 있는 돈을 가지고 있다고 가정해 봐요. 이때 아이스크림을 선택했다면 책을 얻지 못하는데, 책의 가치가 기회비용이에요.

Price
가격

가격은 구매자와 판매자가 재화와 서비스의 가치를 얼마로 보는가를 나타내요.

가격은 보통 '100원'이나 '1000원' 또는 '1달러'나 '5엔'처럼 금액으로 나타내요. 가격은 소비자가 바라는 재화나 서비스의 양과 생산자가 공급하려는 양에 영향을 줘요. 상품의 가격이 높으면 생산자는 더 많이 공급하려고 하겠지요. 하지만 상품값이 비싸지면 소비자는 덜 사려고 할 거예요.

Quantity
수량

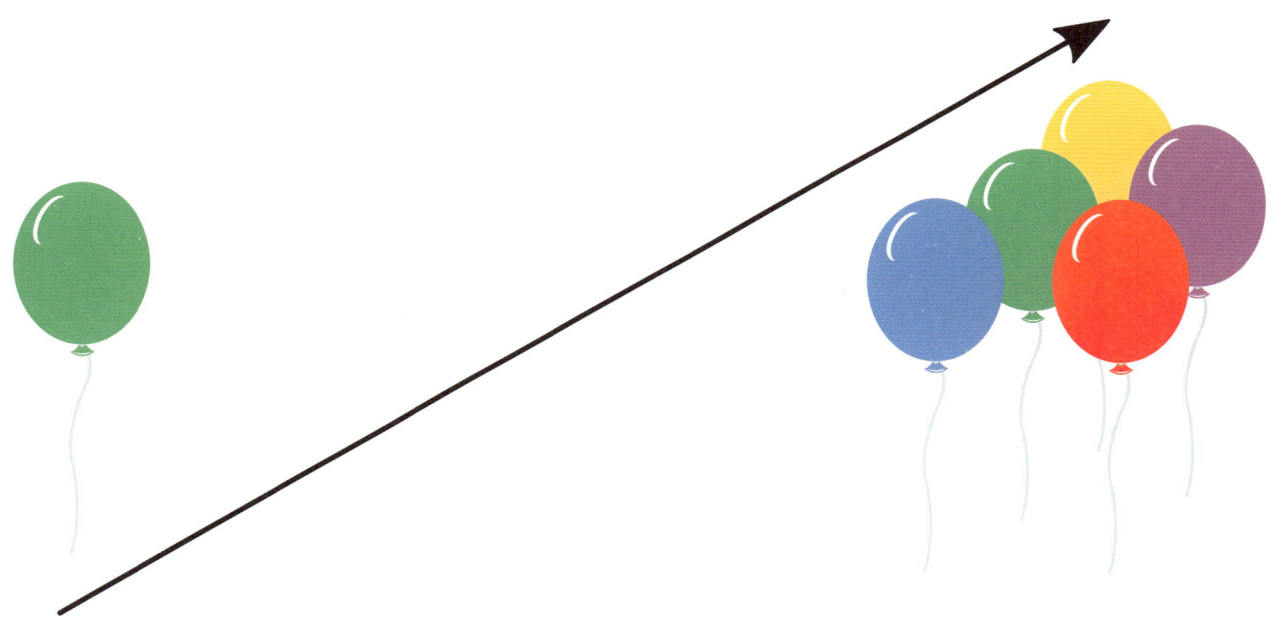

수량은 재화나 서비스의 총량을 일컫는 말이에요.

경제학자들은 소비자가 구입하고 생산자가 공급하는 재화와 서비스의 수량을 연구해요. 풍선 가격이 오르면 소비자가 구입하는 풍선의 수량은 줄어들겠지요? 그러면 생산자는 소비자가 구입하는 풍선의 수량과 균형을 이루도록 공급하는 수량을 조절할 거예요.

Resources
자원

천연자원 인적 자원 자본 자원

자원은 무언가를 만들기 위해 필요한 것들을 말해요.

자원은 생산에 필요한 것이에요. 천연자원은 종이를 만드는 데 쓰이는 나무처럼 자연에서 얻을 수 있는 자원이에요. 인적 자원은 일을 하는 사람의 기술이나 노동력 같은 것을 가리키지요. 자본 자원은 물건을 생산하는 데 필요한 돈 또는 사무실이나 공장 같은 장소를 말해요.

Supply
공급

공급은 판매를 위한 재화나 서비스의 양을 말해요.

공급의 법칙에 따르면 상품이나 서비스의 가격이 오르면 공급되는 수량이 많아져요. 가격이 내리면 공급량이 줄어들지요. 예를 들어 자전거 가격이 오르면 자전거를 만드는 회사들이 자전거를 더 많이 만들기 때문에 공급되는 수량이 증가하는 거예요.

Trade
거래

거래는 재화나 서비스의 교환이에요.

거래는 사람, 기업, 국가 사이에서 일어나요. 거래는 돈, 재화, 서비스를 서로 교환해 각자 필요한 것을 얻기 위해서 이루어져요. 여러분이 블루베리 머핀을 만든다고 생각해 봐요. 마침 이웃 마을에 블루베리 농장이 있고, 밀가루 공장도 있어요. 또 빵 만드는 기구를 파는 가게도 있지요. 그러면 여러분은 블루베리 머핀을 만들기 위해 블루베리 농장, 밀가루 공장, 빵 만드는 기구를 파는 가게와 거래를 하는 거예요.

Utility
효용

**효용은 재화나 서비스를 소비하면서 얻는
즐거움이나 만족감을 말해요.**

케이크 한 조각이든 사과 한 조각이든, 먹을 때 느끼는 만족감이라든지 즐거운 기분이 있을 거예요. 효용은 그런 만족감이나 즐거운 기분이 어느 정도인지를 나타내요. 같은 재화나 서비스에서 느끼는 효용은 사람마다 다를 수 있어요.

Variable Costs
변동 비용

 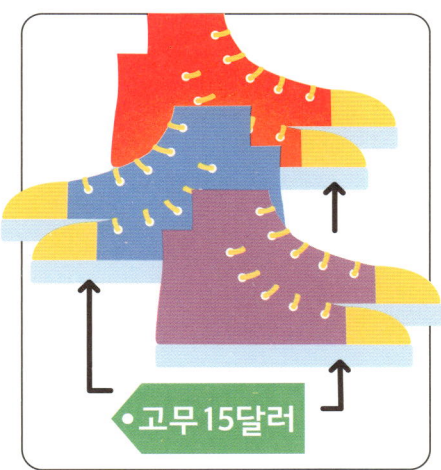

변동 비용은 생산량이나 판매량에 따라 변하는 비용이에요.

변동 비용은 생산량에 따라 증가하거나 감소할 수 있어요. 운동화를 만들 때, 신발 밑창으로는 고무를 많이 사용해요. 여기서 고무의 비용은 변동 비용이에요. 필요한 고무의 양은 운동화를 얼마나 많이 만드냐에 달려 있기 때문이지요. 운동화를 많이 만들면 고무가 많이 필요하겠지만, 운동화를 적게 만들면 고무가 적게 필요할 거예요.

Wages
임금

임금은 근로자가 일한 대가로 받는 돈이에요.

고용주는 노동의 대가로 근로자에게 임금을 줘요. 임금은 직업에 따라 달라요. 같은 직업을 가졌더라도 기술이나 교육 수준에 따라서 달라질 수 있어요. 의사는 다른 직업에 비해 학교에서 더 오랫동안 공부를 해야 해요. 그리고 평균적으로 더 높은 임금을 받지요.

eXternalities
외부 효과

외부 효과는 어떤 행동이 누군가에게 의도하지 않은 혜택이나 피해를 주는 걸 말해요.

외부 효과는 재화를 생산하거나 서비스를 제공하는 과정에서 의도하지 않은 혜택이나 피해가 생긴 경우에 나타나요. 외부 효과는 긍정적일 수도 있고 부정적일 수도 있어요. 벌을 길러 꿀을 얻는 양봉가는 벌통을 가지고 있어요. 꿀벌은 꽃에서 꽃가루를 묻혀 꽃과 작물에 옮김으로써 다른 농가에 도움을 주는 긍정적인 외부 효과를 가져와요.

Yield
수익

수익은 투자로 얻은 소득이에요.

수익은 은행의 저축이나 주식처럼 투자로 버는 돈을 말해요. 투자는 돈으로 돈을 버는 경제 활동이에요. 수익이 양수(+)이면 이익을 냈다는 뜻이고, 음수(-)이면 손해를 보았다는 뜻이에요.

Zero Sum
제로섬

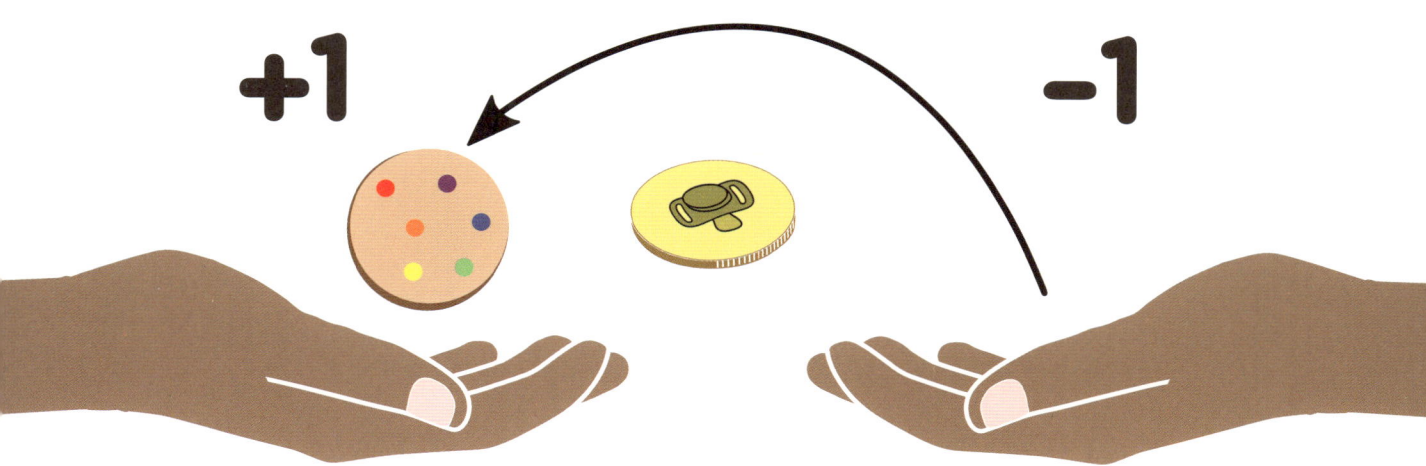

제로섬은 한쪽이 이익을 보면
다른 한쪽은 그만큼 손해를 보는 걸 말해요.

제로섬 상황에서 모든 사람에게 돌아가는 이익을 합하면 0이에요. 쿠키가 한 개뿐인데 두 사람이 서로 가지려 한다면, 둘은 가위바위보를 할 수 있어요. 그러면 이긴 사람만 쿠키를 갖고 진 사람은 갖지 못하지요. 이긴 사람은 +1개의 쿠키를 얻고 진 사람은 -1개의 쿠키를 얻어요. 그래서 둘을 합하면 0이 되는 거예요.

경제학의 ABC

초판 1쇄 발행 2023년 11월 23일

지은이 크리스 페리·베로니카 굿맨 **옮긴이** 정회성
펴낸이 김현태 **펴낸곳** 책세상어린이 **등록** 2021년 1월 22일 제2021-000032호
주소 서울시 마포구 잔다리로 62-1, 3층(04031) **전화** 02-704-1251 **팩스** 02-719-1258
이메일 editor@chaeksesang.com **광고·제휴 문의** creator@chaeksesang.com
홈페이지 chaeksesang.com **페이스북** /chaeksesang **트위터** @chaeksesang
인스타그램 @chaeksesang **네이버포스트** bkworldpub

ISBN 979-11-5931-992-1 74080
ISBN 979-11-5931-969-3 (세트)

잘못되거나 파손된 책은 구입하신 서점에서 교환해 드립니다.
책값은 뒤표지에 있습니다.
책세상어린이는 도서출판 책세상의 아동·청소년 브랜드입니다.
전 연령의 어린이에게 적합한 도서입니다. Printed in Korea

All rights reserved
including the right of reproduction in whole or in part in any form.
This edition published by arrangement with Sourcebooks, LLC.
This Korean translation published by arrangement with
Chris Ferrie in care of Sourcebooks, LLC through Alex Lee Agency ALA.

이 책의 한국어판 저작권은 알렉스리에이전시 ALA를 통해 Sourcebooks, LLC사와 독점 계약한 책세상에 있습니다.
저작권법에 의해 한국 내에서 보호를 받는 저작물이므로 무단 전재와 복제를 금합니다.